EXERCÍCIOS
DE
PERPLEXIDADE

SERVIÇO SOCIAL DO COMÉRCIO
Administração Regional no Estado de São Paulo

Presidente do Conselho Regional
Abram Szajman
Diretor Regional
Danilo Santos de Miranda

Superintendências
Comunicação Social
Áurea Leszczynski Vieira Gonçalves
Técnico-Social
Rosana Paulo da Cunha
Assessoria Técnica e de Planejamento
Marta Raquel Colabone
Administração
Jackson Andrade de Matos

Edições Sesc São Paulo
Gerente Iã Paulo Ribeiro
Gerente Adjunta Isabel M. M. Alexandre
Coordenação Editorial Clívia Ramiro, Cristianne Lameirinha, Francis Manzoni, Jefferson Alves de Lima
Produção Editorial Thiago Lins
Coordenação Gráfica Katia Verissimo
Produção Gráfica Fabio Pinotti, Ricardo Kawazu
Coordenação de Comunicação Bruna Zarnoviec Daniel

MAURO MALDONATO

EXERCÍCIOS DE PERPLEXIDADE

aforismos

TRADUÇÃO
Roberta Barni

© Mauro Maldonato, 2023
© Edições Sesc São Paulo, 2023
Todos os direitos reservados

ILUSTRAÇÕES Andrea Sparaco
TRADUÇÃO Roberta Barni
PREPARAÇÃO Silvana Cobucci
REVISÃO Ísis De Vitta, Elba Elisa Oliveira
CAPA, PROJETO GRÁFICO E DIAGRAMAÇÃO
Elisa von Randow / Alles Blau

Dados Internacionais de Catalogação na Publicação (CIP)

M2933e Maldonato, Mauro

    Exercícios de perplexidade: aforismos /
  Mauro Maldonato; tradução de Roberta Barni.
  – São Paulo: Edições Sesc São Paulo, 2023. – 136 p.

   ISBN 978-85-9493-247-1

   1. Filosofia. 2. Literatura. 3. Aforismos.
  4. Máximas. I. Título. II. Barni, Roberta.
                CDD 108

Ficha catalográfica elaborada por Maria Delcina Feitosa
CRB/8-6187

EDIÇÕES SESC SÃO PAULO
Rua Serra da Bocaina, 570 – 11º andar
03174-000 – São Paulo SP Brasil
Tel. 55 11 2607-9400
edicoes@sescsp.org.br
sescsp.org.br/edicoes
/edicoessescsp

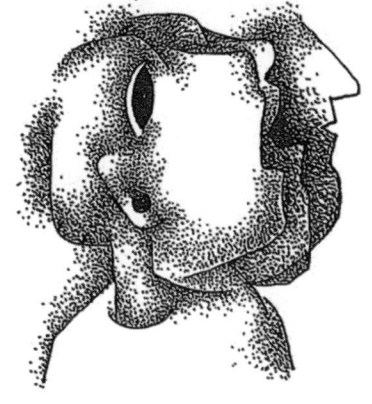

APRESENTAÇÃO

Prática de estranhamento

AINDA SOMOS CAPAZES DE NOS ESPANTAR? De ficarmos admirados com a imensidão do universo e com a profusão de elementos que o constituem, dos maiores e mais longínquos aos menores e mais próximos? De mantermos o fascínio diante dos sentimentos que despertam afetos entre as pessoas, sejam eles o amor, o desejo, a saudade ou a dor? De nos deslumbrarmos com o funcionamento dos ecossistemas e dos corpos dos seres que habitam o planeta?

Questões como as formuladas acima se justificam porque a trivialidade do cotidiano faz com que o olhar se acostume mesmo perante o que é esplendoroso e parece guardar mistérios. Além do mais, se a racionalidade das explicações lógicas almeja elucidar o que nem sempre somos capazes de compreender de imediato, também desafia a condição absurda da vida, contribuindo para certo desencantamento do mundo.

Correntes da filosofia antiga e medieval definiram o "absurdo" como sendo o pensamento inconsistente do ponto de vista lógico.

Nesse sentido, deveria ser confrontado e, em última instância, reservado apenas ao âmbito das crenças. No entanto, a consciência de sua presença infinda abre caminho para conhecimentos das mais variadas ordens. Esse entendimento guia o psiquiatra, autor e parceiro de longa data Mauro Maldonato na lida com temas próprios da existência, como corpo, pensamento, ciência, tempo, entre muitos outros. Também orienta o convite que propõe ao leitor nesta obra: em vez de renunciar à racionalidade, estimular, com ela, a capacidade de nos impressionarmos.

Para tanto, os "exercícios de perplexidade" aqui propostos exigem suspender disposições cotidianas e praticar o distanciamento. Só assim seria possível estranhar o corriqueiro, relativizar o introjetado e abrir-se à possibilidade de encontro com o inesperado. Em outras palavras e por paradoxal que pareça, disposição e intencionalidade são requisitos para que determinadas surpresas possam suceder. O livro terá cumprido seu propósito se os breves textos que o compõem propiciarem algumas delas.

DANILO SANTOS DE MIRANDA
DIRETOR DO SESC SÃO PAULO

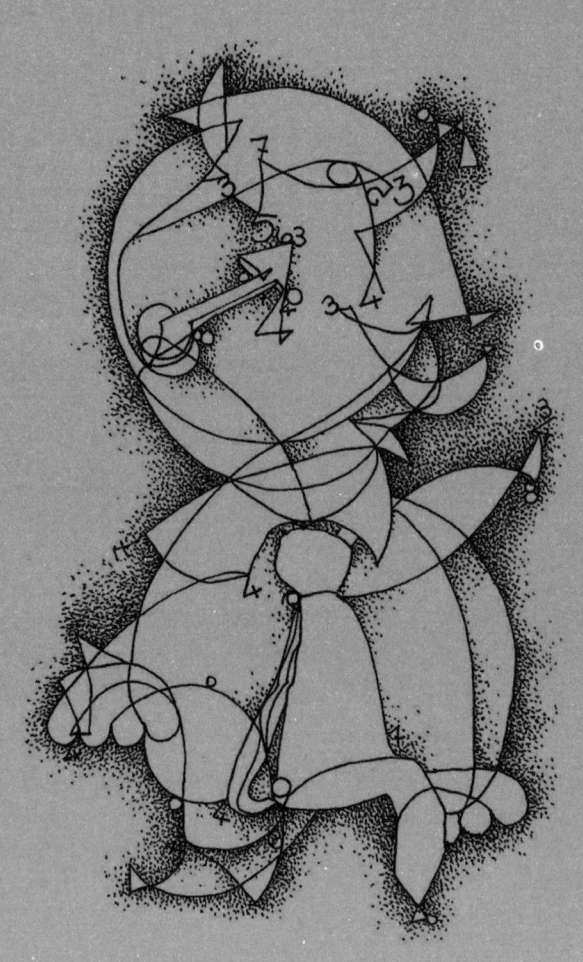

Sumário

Consciência 10
Corpo 20
Inconsciente 26
Racionalidade 42
Ciência 52
Tempo 62
Alteridade 76
Vida 84
Conhecimento 92
Linguagem 98
Vicissitudes 106
Pensamentos 112

Agradecimentos 132
Sobre o autor 134

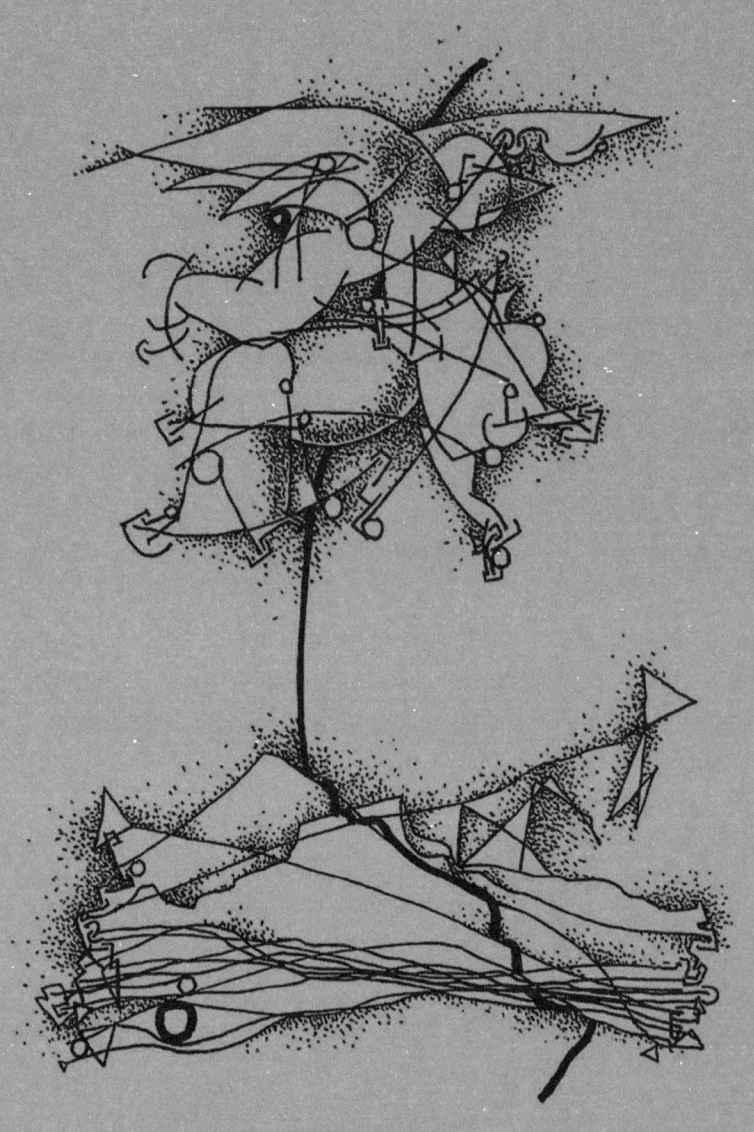

Consciência

A maior recompensa intelectual? A intuição que surge de um novo início.

   •

> Falta-nos uma sintaxe da interioridade que dê conta das elipses do desejo, do trânsito das paixões, das órbitas do pensamento.

   •

Observar os limites das coisas desde os vértices inóspitos do pensamento e revoltar-se contra nossas próprias perguntas.

Um paciente: vim vê-lo para compreender
por que tenho essa sensação de estar vagando
numa alma e num corpo que não são meus.

•

A consciência se debruça sobre o buraco
negro da matéria. Mas para falar disso
dispomos apenas de palavras dúbias.

•

O caráter é o costume com nosso próprio nome.

•

Da infinidade de sensações que chega a cada
instante ao limiar da nossa consciência,
apenas um pequeno número será admitido
na corte da vida psíquica.

•

Não é preciso ir longe. Todos os paraísos e todos
os infernos moram em nós.

•

Qual a cor e a forma do silêncio? E o que significa "ver" uma voz interna, uma iluminação repentina, um pressentimento?

•

Cruzamentos de estrelas e destinos... ecos de vida inconsciente... prodigiosos estados de consciência, superiores à vida.

•

No grande livro da natureza, o coração humano é a mais coerente expressão da contradição. Ali habitam, naturalmente, a consciência do mal e o desejo de redenção.

•

Não é a personalidade ou o caráter o que define o estilo de um homem, mas a renúncia como decisão estética. Até os limites do silêncio.

•

Quase sempre há uma simetria perfeita entre o caráter e o destino de um homem.

A consciência é uma terra de fronteiras incertas, para além da qual reside o invisível e soberano inconsciente. O pensamento só consegue intuir a sua presença, como parte de algo mais amplo, que liga as lembranças e o tempo que ainda não vemos.

•

> Buscar o sentido fora de si leva à perda de si. Transforma a vida numa eterna espera, confiando-a a um tribunal universal sem rosto (a história), que impõe a todos um roteiro no qual é impossível se reconhecer.

•

Na luta sem fim entre nossa mente e o universo, o finito tenta tornar simbólico o infinito. Eis o paradoxo: queremos comunicar o inexprimível, mas temos de usar a expressão; queremos traduzir alguma coisa inconsciente, mas só contamos com os meios da consciência.

•

> Não há ascensão espiritual sem dilacerações da consciência.

Não raro a viagem interior amplia as próprias
fronteiras a tal ponto que se experimenta
a estranheza no pertencimento.

•

O pensamento que se torna linguagem:
isto é, a consciência que inventa a cultura.

•

É de esperar que por muito tempo o mundo
continue a ser um enigma para nossa inteligência.
O que sabemos de nossas lembranças? Onde
habitavam? Quantos caminhos e desvios tomaram
antes de nos alcançar? Como obra de um escultor
desconhecido, não sabemos nem podemos nada
sobre a memória.

•

Quem se recolhe em si mesmo não suspende
apenas o ruído do mundo: define também
o próprio caráter.

•

Cuidado ao raspar a superfície das coisas.
A verdade abomina a luz plena. É preciso
procurá-la ali onde luz e sombra se encontram,
sofrendo seu efeito perturbador.

•

Que a memória seja objetiva é uma invenção
dos adultos. Por sorte, ela é extremamente
infiel. Daí ser promessa de criação, porvir,
perpétuo recomeçar.

•

A presença da consciência não garante o domínio
de nossos atos, embora acreditemos firmemente
em sua soberania em nossa vida.

•

A história de um homem é sempre
incompleta. Pensemos em tudo o que
poderia ter sido diferente para
compreender que é apenas o efeito
do que lhe é concedido ser e dar.

•

Quase sempre acreditamos que o mundo e
os objetos existem sem nós. Mas no oceano
dos sentidos é a consciência que decide o que
é a realidade. Somos máquinas produtoras
de realidade.

•

O tremeluzir dos vaga-lumes nas noites
de verão, rodeados pela mais profunda
escuridão. Eis nossa consciência das coisas:
as passagens do tempo, as cores da
experiência, as intermitências do coração.

•

Pensar o tempo, o universo, a consciência é
avançar até o equilíbrio precário de um abismo
inexplorado. Quanto mais nos aproximamos
dele, tanto mais a realidade parece elusiva,
fragmentária, e nossas certezas puramente
conjeturais.

•

Todo limite tem em si possibilidades invisíveis que redesenham, para os que sabem intuir sua presença, destinos definitivos e imutáveis.

•

Quantos árduos caminhos temos de percorrer para merecer o dom da intuição!

•

Se o meu mundo é uma possibilidade da consciência, então posso mudá-lo. Porque se eu mudasse a minha consciência, mudariam também as minhas decisões. Mas minha vida não seria mais feliz se eu mudasse minhas decisões?

•

O método galileano explicou inúmeros fenômenos naturais, mas não consegue esclarecer como o cérebro (sistema físico por excelência) gera a consciência. Para dizer a verdade, ninguém nem sequer sabe o significado preciso dessa palavra.

•

Quantas vezes tentei parar os instantes de minha consciência! Mais fácil lutar com as sombras. Antes ainda de conseguir pensá-los, desvanecidos para sempre, posso apenas percebê-los, como ecos distantes, do fundo da matéria.

Corpo

Olhares... a difícil arte do desejo. Cruzamentos de intenções entre o corpo e o tempo.

•

Conseguiremos algum dia habitar novamente o corpo, lugar agora impronunciável e, ainda assim, interminável fonte de sentido?

•

Um corpo pode ter muitas almas e uma alma habitar corpos infinitos.

No almanaque de nossos tempos incertos,
o corpo nos revela como um hieróglifo misterioso.
Justamente o corpo, a parte mais desobediente
da alma.

•

O corpo... campo da eterna luta de pulsões
e desejos encarnados no pensamento,
no humor, na moral. Quando haverá uma
ciência do corpo que não seja apenas
a de uma mesa de dissecção?

•

O cérebro humano é um sistema determinista
regido por um princípio indeterminista.

•

A virtualização tecnológica do corpo não
é mera desmaterialização, mas uma
reencarnação numa alteridade biológica
inédita, uma nova forma de vida.

•

É sempre o outro a me revelar o meu corpo, no terreno inexplorado da carne. Mas a realização do desejo é também, inevitavelmente, sua derrota.

•

> O pudor é um sentimento de resistência
> à objetivação do corpo. Vida desnuda nos
> limites da verdade.

•

A corporeidade não pode ser reduzida ao corpo, assim como o pensamento não pode ser reduzido à consciência.

•

> O gesto de opor a mente e o corpo,
> a carne e o espírito, a alma e a matéria,
> trai o medo do inesperado que se revela
> incessantemente na vida.

•

Geografias metropolitanas, desnorteantes,
labirínticas, nômades. Navios com suas cargas
de corpos, fervilhantes de desejos imateriais,
que deixaram de sentir.

•

No universo não há sistemas como
o cérebro, no qual um evento pequeno
e fortuito, como uma palavra, pode
gerar catástrofes.

•

Lutamos sem trégua com o elemento biológico,
para nos emancipar dele. Mas ele retorna nas
formas da dor física e psíquica.

Inconsciente

Hoje estamos dispostos a acreditar que uma força desconhecida e arcaica rege nossas vidas também graças àqueles que, muito antes de Freud, intuíram que a consciência não tem nenhuma primazia na vida da mente.

•

O que faz um artista, a não ser explorar as forças obscuras e inconscientes que o habitam e levá-las à consciência ao longo de uma dolorosa e aguda luta interior?

•

Da contemplação dos astros, o desejo converte-se no sentimento terreno de uma falta, para se render enfim à matéria, envolto por uma infinita nostalgia.

•

Diz-se que a consciência é o teatro diurno da mente e o inconsciente, seu reino noturno. Mas quem é o verdadeiro soberano?

•

Entre todas as nossas palavras, a mais enganosa é Eu: contém profundezas inexploradas, mas tem a ilusão de explicar alguma coisa.

•

Há problemas que podemos apenas intuir, não resolver.

•

Admitimos sem reservas que o comportamento emocional depende de instâncias inconscientes, mas custamos a aceitar que a racionalidade se origina de processos inacessíveis para a introspecção.

Sem querer contrariar os (velhos e novos) anatomistas da alma, nossas decisões são guiadas por nosso inconsciente cerebral. Na maioria das vezes estão além de nossa compreensão.

•

> Os sonhos: a luta da matéria consigo mesma.

•

Viver para intuir.

•

> Concentrar-se no que é destituído de intenções. O resto é reverberação do nada.

•

Um estrangeiro (em nós) nos questiona sem cessar. Não se concederá ao nosso olhar, nunca revelará sua identidade. Só nos resta aceitar sua presença oblíqua.

•

Ao tropeçar no calçamento do pátio dos príncipes de Guermantes, Marcel foi investido por uma insólita epifania temporal. De repente, sentiu-se pronto a iniciar a obra de arte para a qual acreditava não ter nenhum talento. A que se deve aquela felicidade irracional que o torna indiferente até à ideia da morte?

•

> Não sei explicar... e, mesmo que lhe explicasse, você não entenderia. Ou não seria a mesma coisa. Sei, porém, que você intuiu que sinto o que você sente. Nossa proximidade começa e termina no limiar de nossos mundos.

•

Saudade de lugares nunca vistos, de regiões desconhecidas.

•

> Sinestesias... É preciso reconsiderar algumas insólitas gramáticas perceptivas: sabores azuis, sons amarelos, cores ásperas... Experiências que ressoam e vibram em nossas névoas pré-conscientes.

Há coisas que podem ser esclarecidas apenas pela luz rasante. Outras, pela sombra. Outras só podem ser intuídas. Outras, enfim, só podem ser caladas: desveladas pelo silêncio, como nuas, irredutíveis presenças.

•

É necessário um conceito de inconsciente mais eficaz. Depois de Freud, a história continuou seu caminho. O mistério que a psicanálise tinha prometido desvelar ainda é denso demais.

•

Faça coisas que não esperaria fazer. Surpreenda-se com sua própria capacidade de se surpreender. Como se suas ações viessem de você.

•

Todo gesto da experiência analítica conduz ao silêncio. Em sua subversão ecoam o canto imperceptível da ausência, as vozes passadas e porvir da errância.

Estamos sempre em nossa própria companhia, sem nunca nos encontrarmos. Somos destinatários de mensagens do inconsciente, de sonhos e desejos, quase todos indecifráveis.

•

A unidade do Eu? Estados psíquicos temporariamente coesos e inúmeros outros inconscientes que fervilham laboriosos no âmbito da matéria.

•

Quem fala naquele que fala?

•

As coisas que conhecemos melhor são aquelas das quais temos menos consciência.

•

Na psicanálise, o silêncio é o espaço do indizível; na música, do inaudível. Simetrias entre matéria analítica e matéria sonora.

A inspiração é uma agonia do espírito que transfigura a sintaxe das coisas em metáforas e reticências extáticas. Flutua no terreno da matéria: um terreno rochoso primordial que guarda o nosso lado mais misterioso e noturno.

•

Somos criados (e limitados) por nossa imaginação. É ela que traça as fronteiras do nosso espírito.

•

No teatro da identidade tem lugar um drama, não uma comédia. Um drama que se cumpre em mim, na minha alma, e não na relação com os outros.

•

Certos homens flertam inconscientemente com o sofrimento e a melancolia por tenderem para a síntese sentimental dos contrários: o arrependimento e a esperança...

•

O inconsciente como *punctum crucis* entre
matéria e vida não é um jogo de romance burguês
para clérigos e observantes.

•

Uma física do inconsciente, universo
transparente e imperscrutável, é sempre
uma física da exceção.

•

Em nosso multiverso interior hospedamos os vários
que nós mesmos somos: nós, hóspedes de outros e
vice-versa, numa polifonia de vozes que polemizam,
se equivocam e se atraem de distâncias estelares.

•

É o que carregamos de desconhecido
em nós, um incógnito primordial soberano,
o que nos faz dizer Eu.

•

Hoje podemos dizer que, além do inconsciente e da
consciência, há outros territórios.

A personalidade de um homem é obra de um escultor invisível, de quem nada sabemos e sobre quem nada podemos.

●

Carregamos em nós povos primitivos. Quando a razão adormece, eles se insurgem com seus ritos sangrentos.

●

Vivemos na escuridão da penumbra, e não na luz da razão.

●

A moral humana é tremendamente vulnerável às ilusões. Confunde o rigor com a pureza (a sua) e, diante do sol ofuscante dos instintos, não passa de uma fraca luz de vela.

●

É na superfície que as coisas se revelam: uma superfície que fala em nome da profundidade.

É preciso ir além da linha sombria entre inconsciente e consciência, no campo aberto do próprio eu, no tenebroso coração do senso comum.

•

Não é assombroso que em nós fervilhem potencialidades infinitas e decisões das quais não temos consciência?

•

Um fino *limen* separa minha consciência de meu inconsciente. Poderíamos usar mil palavras, mas ambos são apenas parte de algo mais amplo, que oscila, desorientado, como a agulha de uma bússola.

•

Muitos acreditam que não podem dar um rumo diferente à própria vida e que o mundo exterior é mais real do que o interno. Na verdade, é o oposto: o que acontece dentro de nós cria o que acontece fora de nós.

•

O meu Eu, que até há pouco presidia a fortaleza de minha consciência, vacila à mercê do próprio olhar. Como o enigma de uma forma que dissimula o nada, uma âncora fora do oceano das sensações.

•

Se na física existe um princípio de indeterminação, ele vale também para o nosso inconsciente.

•

No encontro analítico, o texto interior tem de passar da inconsciência à consciência. Um trabalho de decifração contínua, porque aquele texto não é a realidade, mas apenas sua representação.

•

Dias de criações febris. Um intenso corpo a corpo com o inconsciente e suas imagens. Uma energia incansável, além de qualquer compreensão racional.

•

Ver nascer em si pensamentos sem se sentir seu autor. Pensamentos que perseguem uns aos outros, sem que se possa guiá-los. Ah, se soubéssemos distingui-los das coisas!

•

Todos carregamos em nós sombras sinistras. Temos de combatê-las, até mesmo contrariando nosso instinto de autopreservação, sem soltá-las no mundo.

•

Desesperada esperança de felicidade. Limites impossíveis ao desejo.

•

Eros e Thanatos, inimigos inconciliáveis e inseparáveis.

•

Somos conexões vivas, enredadas numa perene penumbra.

Há homens que não podem escolher um temperamento diferente, nem mudar a própria rota interior para obedecer ao espírito do mundo.

•

Mais do que qualquer determinação psicológica ou psicanalítica, a força da vida psíquica é a imaginação.

•

Temos de reconhecer o núcleo da escuridão que nos habita. Sem ceder ao fascínio arrebatador do enigma pelo enigma. Sem pretender que ele se conceda plenamente ao nosso olhar.

•

Às vezes, na superfície das palavras, reluz uma profundeza escura, um sentido não declarado transcrito em seu próprio signo. Momentos que religam os fios de nosso dizer interrompido e o diálogo em nós e entre nós.

•

Em análise, o silêncio é muitas vezes falta de sentido, transparência do nada. Outras vezes, é viagem no mistério, no campo aberto do próprio eu.

•

...fascínios introspectivos... emancipar-se de si mesmos por meio de si mesmos... labirintos de um labirinto.

•

Interessante é quem pensa perto de sua lareira, quando a chama arde projetando na parede a sombra de si, desconhecida a si mesmo.

•

Mais do que a vontade e que qualquer impulso vital, a imaginação descreve a natureza de um homem.

•

Como arte da incompletude, o improviso é sobretudo uma estética da surpresa.

Quando nos dirigimos a nós mesmos, a verdade
se torna um fractal em contínuo afastamento.
A experiência interior resiste a qualquer objetivação.

•

Às vezes, quando tudo parece perdido, à
nossa frente se abre um novo caminho.
Assim, irracionalmente, nos sentimos
prontos para desafios que, até então, não
esperávamos poder enfrentar.

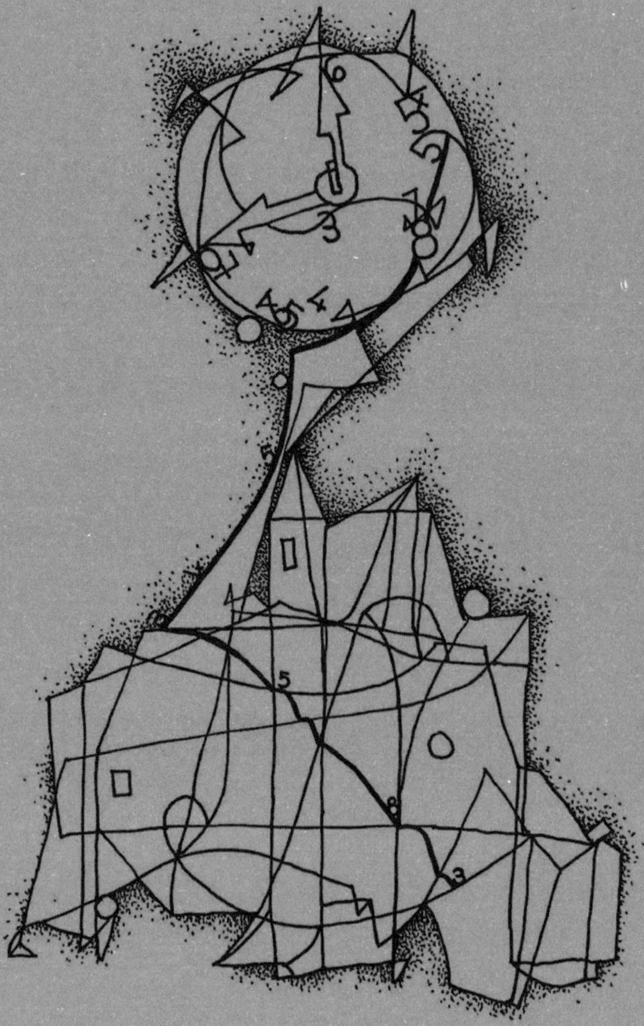

Racionalidade

O que mais fascina nos homens é a natureza irracional de sua racionalidade.

•

Há decisões racionais porque os instintos estão acorrentados.

•

Admitir os próprios erros é indício da perspicácia espiritual de um homem.

A maioria vive oprimida pelo duplo equívoco intelectual e moral, o mais grave e irremediável: o conflito entre o que se é e o que se deveria ser.

•

Nossas decisões são livres apenas porque não vemos para além delas. Um homem livre, portanto, é um homem que joga dados.

•

Há decisões indecidíveis? Não, é justamente a indecidibilidade a mais autêntica possibilidade de uma decisão.

•

A racionalidade: como é pequena essa coisa que flutua em nós.

•

Nossas explicações não explicam nossos princípios de explicação. Pôr à prova os limites de nossa inteligência é inteligência de nossos limites.

É preciso manter os problemas em aberto, sem fechá-los. Novas intuições surgem quando se conectam verdades distantes que iluminam os fragmentos e eliminam as suas relações.

•

Nem mesmo o mais sofisticado raciocínio poderá jamais sustentar a ofuscante escuridão do pensamento.

•

A razão não revela os mistérios, os reinventa.

•

O núcleo obscuro da racionalidade se expressa na arte, no pensamento divergente, no delírio. O pensamento: arma sublime e cruel que a natureza doou aos homens, criaturas inermes lançadas num mundo brutal.

•

É a fantasia que prepara o pensamento racional e esconjura a paralisia da lógica.

•

> É espantosa a determinação com que, aparentando pensar, os homens afirmam o que não entendem, ao passo que, ao contrário, apenas reorganizam os próprios preconceitos.

•

Nossa racionalidade é, como dizia Mallarmé, uma "rosa nas trevas", a despeito de suas cintilantes fantasmagorias. Às suas margens estrondo, astúcia e tragédias. Estamos num dos buracos negros do niilismo contemporâneo. Evitemos apenas afundar nele.

•

> A liberdade humana não é um caminho reto, mas uma experiência incerta que cria a palavra no silêncio, a luz na treva, a plenitude no vazio.

Quanto mais difícil o problema que temos diante de nós, tanto maiores as possibilidades de sucesso. As explicações incapazes de atravessar o mistério são explicações falsas.

•

Reconhecer o erro é o inconfundível sinal da perspicácia de um espírito.

•

O que significa "soberania popular"? Quem é soberano, e sobre quem? E como é possível conciliar a vontade de cada um dos milhões de homens destituídos de poder com essa fórmula?
O livre-arbítrio é uma ilusão difícil de arrancar do coração do homem. Quanto mais sabemos sobre as causas e as circunstâncias de um ato, tanto menos o autor daquele ato parece livre e responsável.

•

Nossa vida é descrita por este oxímoro perfeito: a liberdade de ter de escolher. Eis o motivo da vagueza de nossos desejos, da inconstância de nossas preferências, da mutabilidade de nossas decisões.

Como pode a civilização submeter as próprias pulsões à racionalidade, se o seu coração de trevas se alimenta da propensão gregária dos homens e de sua tendência à servidão voluntária? Não há verdade racional mais valiosa que uma intuição.

•

É preciso persuadir o erro da verdade. Beber da fonte do erro e intuir o caminho que leva à verdade. De outro modo, de que serviria a verdade, exceto para tomar ciência da ordem das coisas?

•

Um dos aspectos mais singulares de nossa época é a natureza irracional de sua racionalidade. E quanto mais irracional é o mundo, tão mais forte é seu desejo de lógica.

•

Toda decisão é um modo de ser.

•

Damos demasiada importância à realidade. Por isso hesitamos. Se a realidade fosse realmente imodificável, seríamos irrelevantes. Ao contrário, a vida lá fora depende das decisões de nossa consciência.

•

> O universo da consciência é demasiado complexo para ser iluminado pela tênue luz da racionalidade.

•

Nossas explicações custam a explicar nossos princípios de explicação. Ah, a inteligência... Quão pequena é essa coisa que flutua em nós, desorientada.

•

> Que seja sempre necessário pensar no que se faz é um decrépito lugar-comum. Muitas vezes é verdade o contrário. A civilização progrediu graças a um incalculável número de decisões tomadas sem pensar.

Na infância da vida, a liberdade se reveste das cores mais intensas. Abre caminho na floresta petrificada das proibições. Depois, uma vez adultos, acalentamos, saudosos, as lembranças daquela época, suas promessas não cumpridas. Mas ser livre significa decidir-se, sobretudo sobre as coisas que pareciam poder coexistir. Enquanto isso, a luta entre moral e desejo continua indomitamente o seu curso.

•

Para se livrar das responsabilidades, os homens apelam ocasionalmente ao destino, às estrelas, à história, ao Estado, a outras coisas. Daí a ilusão de que podem existir homens capazes de se autogovernar.

•

Os homens não estão interessados em ser livres, mas em acreditar que são livres. A liberdade os assusta porque os obriga a decidir e as decisões têm consequências.

•

Muitos trocam a própria liberdade por seguranças ilusórias.

•

Do centro de uma floresta, posso ver cada árvore, não o caminho para a montanha. De longe, no entanto, decerto não verei as árvores, mas o caminho que procurava.

•

A natureza não sabe o que fazer com a justiça, a liberdade, o espírito. Por isso os homens recorrem a artifícios para enfrentar o destino, o acaso, a incerteza.

•

Não há nenhum plano preestabelecido. Somos livres porque nunca haverá um momento no qual tudo se cumpre. Nossa liberdade é a outra face da distância de Deus: nós, fragmentos de palavras no silêncio, de luz nas trevas, de plenitude no vazio.

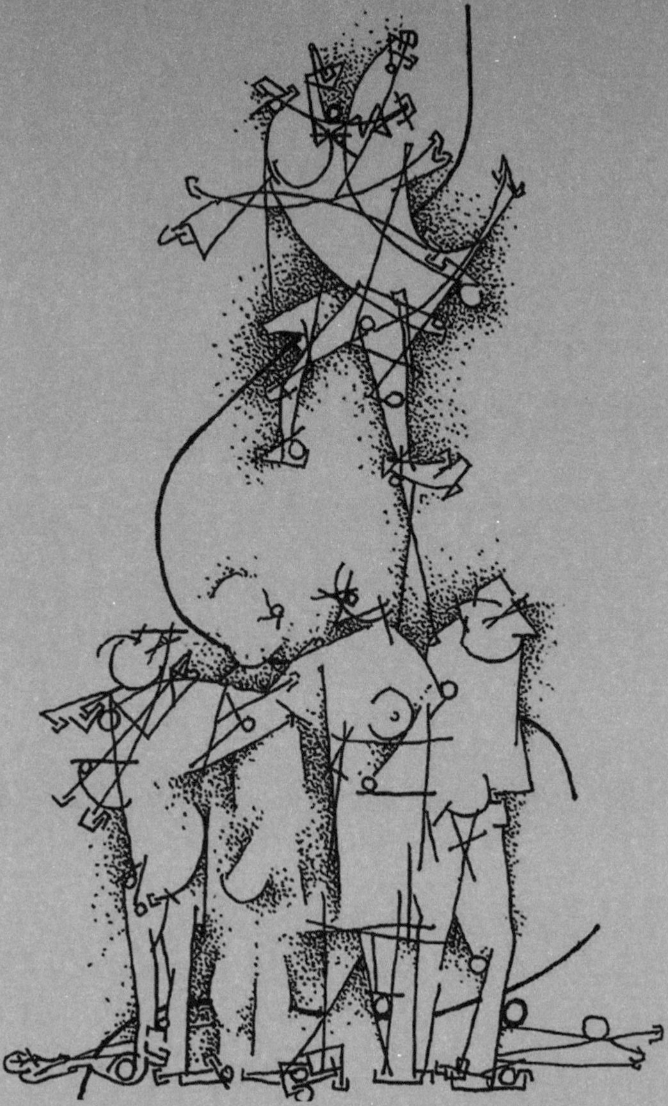

Ciência

As superstições não são a antítese da ciência, mas o seu lado sombrio.

•

A medicina se torna, cada dia mais, a arte da probabilidade e a ciência da incerteza. Temos de ser otimistas ou pessimistas sobre seu futuro?

•

Fazer ciência não é militarizar a realidade com sequências predeterminadas de nucleotídios, axiomas, sinais ou outros. É apreender, com olhares novos, os fenômenos da natureza, inaugurando assim novos caminhos do conhecimento.

•

Está-se criando gerações de cientistas deseducados para o mistério e intolerantes diante da ausência de uma resposta.

•

Vemos muitas coisas, mas não vemos o enorme ponto cego do qual observamos aquelas mesmas coisas.

•

É mais simples imaginar o universo antes do *Big Bang* do que prever o que acontecerá em cinquenta anos.

•

Determinismo e liberdade: conceitos com a mesma vagueza, dois tipos de religião.

A psicanálise readquirirá sua luz originária quando deixar de responder com falsa profundidade a perguntas infantis.

•

A natureza física é apenas uma fatia do mundo. Podemos realmente reduzir o mundo a essa fatia?

•

A ciência não é imune ao erro. Mas isso não compromete o encantamento que a natureza evoca para um estudioso. Como um explorador do desconhecido, ele sente a mesma surpresa e espanto que nossos progenitores, milhões de anos atrás, diante dos fenômenos aos quais não sabiam dar um nome.

•

Em nossa ânsia por certezas, esquecemos o caráter errático da ciência. Ela avança entre tentativas e erros, colocando-se sempre no limiar entre saber e não saber.

Há verdade científica quando se desconfia da primeira observação.

•

Na origem da ciência há mais fantasias do que experiências. São necessárias muitas evidências para distinguir a imaginação dos fatos.

•

Há um caminho da ciência e outro da poesia. Todo progresso científico exige uma conversão recíproca.

•

As duras controvérsias sobre a esquizofrenia, ou seja, se seria uma doença bioquímica ou social, devem-se à confusão dos níveis de explicação e à pretensão infantil de afirmar a supremacia de um nível sobre os outros.

•

É necessária uma psicanálise do conhecimento objetivo, para apreender o imaginário por trás dos fenômenos, a subjetividade por trás da objetividade, a inconsciência por trás da consciência.

•

No grande desenho da evolução, mais do que a continuidade da vida, deveríamos explicar a descontinuidade do nascimento.

•

Por uma pérfida conjura, as leis da natureza parecem ter sido organizadas para nos desviar sistematicamente do nosso caminho. Contudo, isso não compromete nossa sede de conhecimento. Ao contrário, nos incentiva a ousar cada vez mais.

•

A ciência não deve perseguir os ídolos do conhecimento objetivo. A veneração que lhe dedicamos é um empecilho para a audácia de nossas perguntas e para o rigor das nossas averiguações.

O método galileano, decisivo na explicação do mundo físico, não nos ajuda a explicar a vida do cérebro. É preciso ir além, se houver mais a conhecer. Como o próprio Galileu nos exortaria a fazer.

•

Na luta entre vírus e médicos, os primeiros se baseiam em mutações casuais, ao passo que nós nos baseamos no exame racional dos dados. O problema não é nossa ignorância; são os buracos negros de nosso conhecimento.

•

Os erros não são acidentes da ciência. São seu lado sombrio, ainda assim um lado essencial.

•

Nas condutas humanas, tende-se a explicar tudo com o inconsciente, a doença, a cura e assim por diante. Dá-se pouca importância (mesmo científica) à consciência:
o inconcebível experimento de vida inteligente que nos permitiu sobreviver às glaciações e às transformações geológicas do planeta.

Se desejamos descobrir as regularidades dos fenômenos, precisamos esclarecer aquilo que, dos fenômenos, permanece indemonstrável e inatingível.

•

Que tristeza os anseios de equilíbrio e harmonia. Nascemos no caos. O universo é história de criação e destruição, choque mirabolante de estrelas e galáxias.

•

A lógica evidencia as contradições, mas se cala sobre a origem daquelas mesmas contradições.

•

Na ciência, a abertura não é ecletismo, mas modéstia e senso da medida: a virtude de quem sabe que não tem o monopólio da verdade.

•

Preferimos estudar os sistemas isoláveis
com métodos simples. Mas temos dificuldade
com o que não tem tamanho ou peso: a beleza,
o ódio, o amor, a elevação a Deus.

•

Há homens que sacrificam a própria vida no
altar da objetividade científica. Depois,
certo dia, percebem que é apenas a projeção
dos próprios sonhos onipotentes.

•

Quanto mais profundo o mistério a ser indagado,
maiores as possibilidades de sucesso... Tímida
sugestão para sair da necrópole cultural
contemporânea.

•

Não somos instrumentos da evolução;
somos seus atores conscientes. Mesmo
quando agimos como *homo sapiens demens*.

•

No homem chocam-se duas tendências biológicas:
a primeira (tranquilizadora) tende a reiterar
sensações conhecidas, a segunda
(desestabilizadora) a experimentar novas.
Qual delas tem (teve) mais sucesso evolutivo?

•

>A história do universo é uma formidável
>aventura de criação e destruição. A matéria
>aniquila a antimatéria, e o cosmos nasce de
>sua própria desintegração. A vida humana
>nasce desse caos.

•

Metrópoles entre Idade Média e *Blade Runner*.
Geometrias não euclidianas nas quais o espaço é a
forma visível do tempo e o tempo é a forma visível
do espaço.

•

>Não parece algo milagroso que bilhões de
>anos atrás simples grumos gelatinosos,
>dispersos em águas primordiais, tenham
>culminado na matéria que pensa?

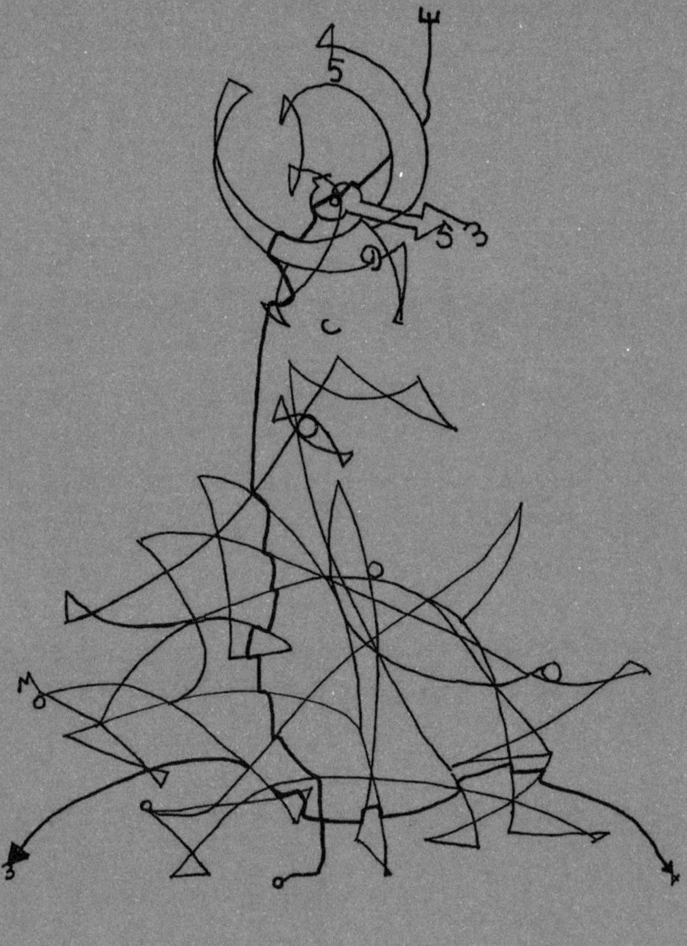

Tempo

Nada pode nos curar daquele mal-estar que é o tempo. Podemos apenas fazer um pacto com ele, oscilando entre o desespero e a alegria, a desilusão e a esperança.

•

Habitualmente consideramos óbvia a continuidade entre início e fim do tempo. No entanto, se o pensarmos abstrata ou objetivamente (o que é a mesma coisa), essa continuidade se dilui. Porque cada qual percebe a seu modo o fim e a ressurreição do tempo.

Outrora o tempo (que talvez nem exista) corria veloz. Nunca era suficiente. Agora, ao contrário, escorre lento. Saberemos usá-lo com sabedoria antes que volte a sua impaciência patológica?

•

> A única realidade do tempo é o instante. Um arabesco suspenso entre o nada do passado e do futuro.

•

Há coincidência perfeita entre o sentimento do presente e o sentimento da vida. É naquele ponto exato que sentimos existir.

•

> É concebível um puro início como uma aurora totalmente sem origem?

•

O que dizer de nós? Podemos apenas contar o futuro de nosso presente. Ou, se preferirmos, o porvir de nossas ilusões.

Noites de espera e ansiados exílios, de ondas indóceis e luas extenuadas, de adeuses na ponta dos pés e silêncios, e sussurros enviados a quem quiser ouvi-los.

•

Os físicos dizem dos limites do tempo. Mas nós ficamos consternados diante de seu enigma, porque o tempo tem horror a qualquer forma geométrica. É antes da impalpabilidade das passagens entre início e fim de um instante que intuímos a sua essência.

•

Chamamos de tempo o fogo que nos consome.

•

Desde a noite dos tempos, a chama, efêmera, é a primeira lição de impermanência e de eternidade.

•

Se o tempo natural é apenas uma possibilidade futura, o tempo existencial é obra da vontade, de sua tensão, de sua fragilidade. E é totalmente irredutível às leis naturais.

•

A pergunta que a cada dia deveríamos nos fazer é: estamos à altura de uma fé, de um padecimento na "plenitude do tempo"? Não se trata de uma pergunta religiosa. Nosso problema é viver em cada instante, e não na mítica espera de um tempo futuro. Sabemos estar à altura dessa pergunta?

•

Vivemos um tempo indeciso, inatual: um tempo destituído de esperas e sem redenção. O que é essa *distensio temporis* concentrada no instante presente, que tem relação com o tempo, mas não é o tempo? Temos de admitir que não conseguimos pensar mais nada sob o nome de tempo.

•

Às vezes, é deixando de dar atenção aos tumultos do mundo, no silêncio que medeia a ausência, que outro tempo se abre. Um tempo que é pensamento do impensado que o domina: um novo olhar depositado no invisível.

•

> A cidade continua a ser o lugar para narrar o tempo, suas descontinuidades, suas fraturas, sua irreversibilidade. É aqui que certas noites temos a impressão de vislumbrar anjos roçando, em voo rasante, as margens das coisas. Trazem no olhar o mistério da ressurreição do tempo.

•

Habitualmente percebemos o transcorrer do tempo como perda, ao passo que deveria ser pensado como promessa. Não é sobre esse sentimento que nossa esperança se ergue?

•

Toda a força do tempo se concentra no instante:
um fragmento consciente da própria solidão
suspenso entre dois nadas.

•

Vivemos um presente suspenso, extenso,
atemporal: um errar puro e desorientado.
Um tempo sem história, atrás do qual não
há nada. Apenas a instantaneidade dos
olhares.

•

A nostalgia conta aquilo de que cuidamos e que
não mais retornará. Sobretudo, conta o limite do
tempo: um tempo que nos transcende e que
deixou de nos pertencer.

•

O instante é o caráter dramático do tempo.
Assalta nosso coração, repentino,
separando-nos dos outros, de nós mesmos,
de nosso passado. Como a intuição
dilacerante de um porvir traído.

Vivemos numa perene constrição: para ganhar tempo, temos de medir toda duração. Mas tudo isso gera o paradoxo da morte do tempo.

•

> O rio do tempo escorre em direção à próxima foz, mudando a cada vez direção e velocidade.

•

Há gestos imperceptíveis, invisíveis aos olhos, que traem uma saudade lancinante da inocência. Quanto tempo é para sempre?

•

> O tempo nos inquieta, nos indaga, nos extenua. Para nós, que estamos jogados nele, o início é sempre início do fim e o fim é sempre fim do início.

•

O tempo está no centro da vida. Não o espaço, que é sua efêmera moldura. Vivemos e nos observamos viver como o incessante movimento das nuvens.

●

Tudo nos leva de volta ao tempo: o ritmo dos dias e das estações, a infidelidade da memória, a não confiabilidade do porvir. Como é pequena nossa inteligência, que não consegue pensar o início e o fim!

●

Que viandante fascinante e misterioso!
Evocava perguntas de clareza obscura, sem esperar respostas. Semeava desesperadas esperanças. Procurava deixando-se procurar... e lembrar para sempre.

●

Era filho de uma época em seu ocaso. Tinha nas mãos cartas falsas e pronunciava palavras dúbias. Ainda assim, intuía o além das coisas e narrava histórias de um tempo que ainda não chegara.

Enquanto nos entretemos com nossas superstições, o tempo foge irremediavelmente, e a vida com ele.

•

Pensar o tempo é tender para o inatingível, exasperar o dissídio entre o pensamento e o próprio limite.

•

O improviso é a marca do homem não histórico, daquele que vive em dar tudo no presente e ignora toda versão predeterminada da vida.

•

São as lembranças involuntárias que restabelecem o equilíbrio entre memória e esquecimento. Mas é o esquecimento que nos leva de volta ao que fomos. Quase como se fosse necessário perder para ganhar de volta, no tempo, aquilo que do tempo perdemos.

•

A felicidade tem a cor do tempo vivido.
Nela ressoa o eco da redenção.

•

É a arte, entre tormento e êxtase, que nos conduz pela fronteira móvel do tempo, nas claras superfícies da mente ou nas opacidades do inconsciente.

•

Passeios perdidos, pensamentos perdidos, tempo perdido. Quanto prazer refinado nas ocupações inúteis!

•

A noite revela a voz inaudível da ausência, enquanto sussurra, profética, o tempo por vir.

•

Houve um tempo em que a chama do fogo acendia a imaginação das crianças e os velhos usavam o balanço. Um tempo esquecido até pelos sonhos.

Não cumprimos destino nenhum ao nos fixar em nosso passado, nos remorsos, nos medos. Somos livres para ser o que não somos. Mas é preciso poesia para que essa ausência se torne porvir.

•

O culto do passado cega a memória, esvazia o presente e prejudica o futuro. Ademais, pensar que a história se repete o tempo todo equivale a embalsamá-la ou ocultá-la.

•

O homem deveria ser contado pelas intenções do coração, pelos impulsos inconscientes que quebram a soberba da razão. Ao contrário, a historiografia redige crônicas coletivas, muitas vezes parecidas com um erudito (e irrelevante) exercício de objetivações.

•

A história não acaba. Nem sequer num mundo sem sentido. Às vezes, é justamente na falta de sentido que podemos inscrever nosso próprio projeto de mundo.

A história é sempre uma ficção ideal. Não tem nada a ver comigo. Se busco alguma coisa, não vejo nada de especial. Nem um efeito. Nem sequer uma consequência do que aconteceu antes. Minha única realidade é o instante.

•

Diz-se que a chave da história foi perdida... Pois sim, a história... Seria maravilhoso saber no que consiste.

•

No entrelaçamento constante entre passado e futuro que é a vida, há uma ordem oculta de possibilidades infinitas. Pontos cegos que podem nos fazer escapar de nosso destino.

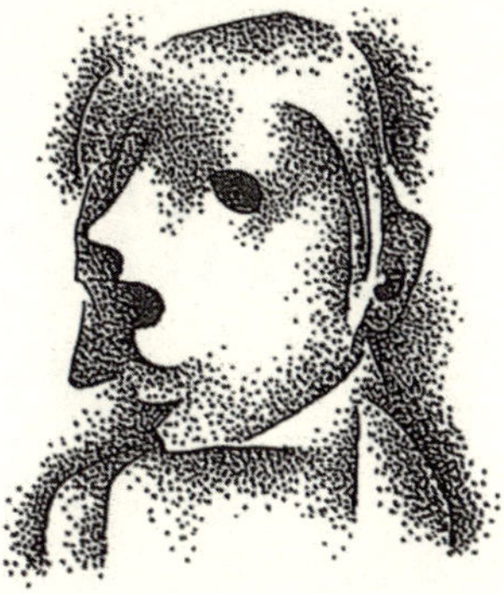

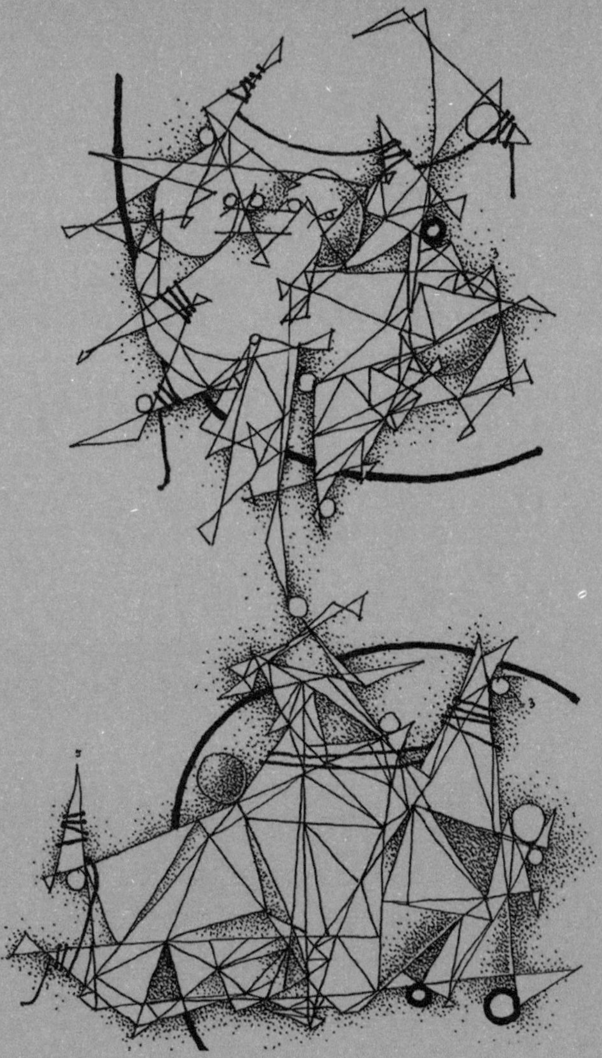

Alteridade

É preciso manter incansavelmente abertas as
perguntas "quem é você?", "quem é o outro?".
A identidade nunca se dá como verdade definitiva,
mas como tensão entre a vontade de saber quem
sou e as respostas que recebo, quase sempre
diferentes das minhas.

•

As pessoas podem se ouvir ao falar umas
com as outras, mas isso não significa que
se entendem. Muitas vezes, elas escondem
os próprios preconceitos entre palavras
de obscura clareza.

Como ter uma opinião definitiva sobre nós mesmos sem um ponto, fora de nós, para nos observar? Só podemos contar uma história. A nossa. Que, afinal, é a história de uma viagem que conhecemos e decidimos apenas em parte. Isso já é suficiente para nos dissuadir dos juízos definitivos sobre nós mesmos e sobre as coisas.

•

A fronteira é um problema crucial de nossos tempos. Mas é preciso reconsiderá-lo desde a raiz, de modo que a sacrossanta reivindicação das diferenças não se torne um pré-poder das diferenças.

•

Somos olhares de confim, paisagens de fronteira, raízes errantes.

•

Habitar os contrários, permanecer unívocos entre os equívocos do mundo é a moral inocente e difícil do pudor e da ironia contra o mal e a mentira.

Metrópoles contemporâneas... navios carregados de corpos em trânsito. Vida desnuda por trás das labirínticas máscaras de um tempo desprovido de expectativas.

·

> Transpassada por um silêncio inatural, a cidade fervilha de gélidas solidões, de vozes sem eco de um teatro interior agitado pelo vento.

·

Que ideia podemos ter de nós mesmos, sem um ponto de vista externo? Podemos apenas contar uma história: a história de uma viagem que conhecemos e decidimos apenas em parte.

·

> Há um tempo em que é natural deixar-se possuir pelas ideias. Outro em que temos de nos separar delas para começar a pensar. Para nos tornarmos nós mesmos: isto é, diferentes.

Que tempos infaustos! Olhamo-nos sombrios. Falamo-nos para criar mal-entendidos ou para culpar os outros por nossa infelicidade.

•

Na terra (desconhecida) do encontro precisamos nos tornar receptores vivos do outro, seguir o intricado e enganoso contorno de sua sombra.

•

Para que serviriam a amizade e o amor, a não ser para protegermos a solidão um do outro?

•

Na origem da sociedade humana, o Eu se escondia no bando. No nosso tempo, o bando se esconde no Eu.

•

Metrópole é tanto o planeta inteiro quanto o meu cérebro. Seu tempo não é a eternidade inatingível de Platão. Seu destino se consome num espaço distópico, um prisma de diferenças que nenhum *nomos* poderá reconciliar.

•

> Uma comunidade é uma corrente com inúmeros elos. Sua força é a resistência do elo mais frágil. Deixando de lado a metáfora, a marca moral de uma comunidade é a maneira de cuidar dos outros (o elo fraco).

•

Os homens de nosso tempo já não falam consigo mesmos. Geralmente estão preocupados com o sustento, a família, a carreira. Parecem conformados, à mercê dos próprios sintomas.

•

> Vista de longe, a cidade já não tem dimensões: é tanto a minha mente quanto o planeta inteiro.

O outro me chama de volta à minha estranheza e faz de mim um estrangeiro. E nos encontramos aqui para dizer da coragem e da esperança de um porvir que não alimenta expectativas.

•

Turbas... multidões de rostos e corpos que se pertencem no puro transitar. Cada qual desconhece o obscuro destino do outro.
A própria verdade entregue ao lampejo de um olhar.

•

Somos conexões vivas, enredadas numa penumbra perene.

•

Há homens fortemente sociáveis e indizivelmente sós.

•

O perdão que nada pede em troca mitiga as feridas da memória e quebra a espiral da vitimização. Não se trata do esquecimento dos fatos – que continuam indeléveis –, mas de seu sentido passado, presente e futuro.

•

Só uma proxêmica da distância nos salvará do retorno de retóricas, estereótipos e insuportáveis demagogias sobre sermos uma comunidade.

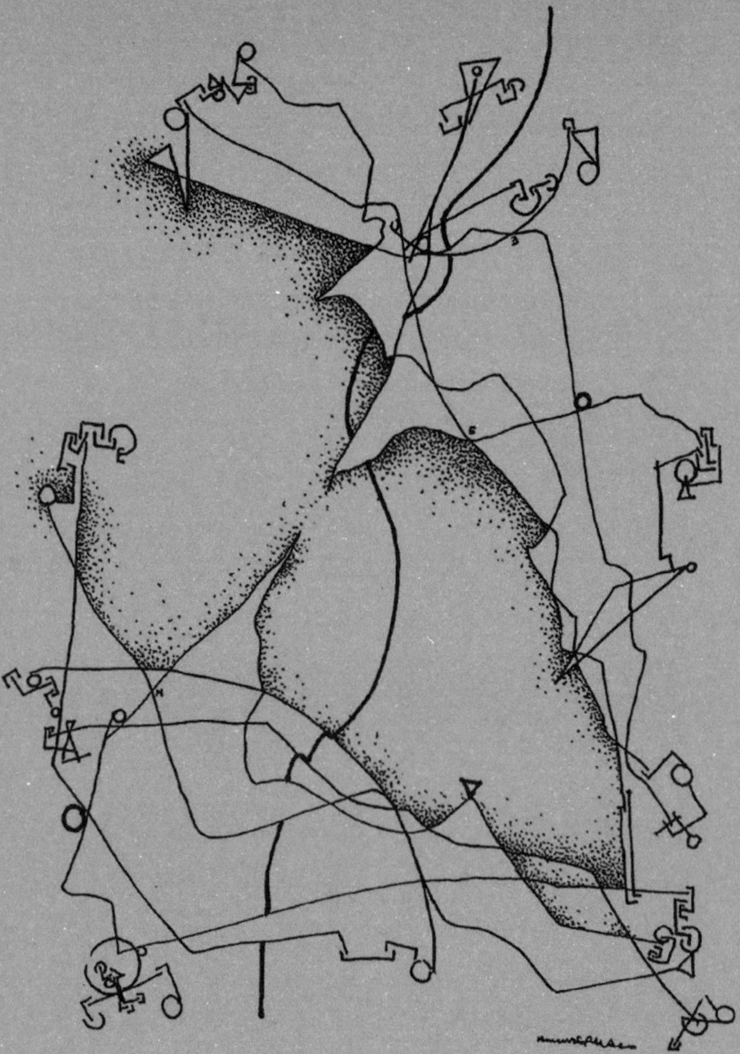

Vida

Não desperdiçaremos nossa vida se conseguirmos mudá-la. Assim poderemos saber por que estamos no mundo.

•

Viver dando tudo no presente. Viver de paixões sem amanhã e sem saudades.

•

Todo gesto da consciência rompe a continuidade do que é conhecido. Nesse transcorrer sem início, os átimos são intuições de vida. Viver é expiar o paradoxo de durar enquanto tudo passa.

Na vida deveria nos guiar um único sentimento:
o medo de não ter vivido.

•

A vida de um homem, aqui na terra ou
num hipotético céu, é um perpétuo vagar.
Essa é sua liberdade.

•

A vida transcende a si mesma. O princípio de
causalidade apenas trai nossa propensão a evitar
qualquer ulterioridade. Assim, sacrificamos tudo
no altar de nossa necessidade de causalidade,
antes de compreender a unicidade de suas
características da vida.

•

Viver é inaugurar uma viagem ao longo
de um arquipélago de ilhas de bordas
irregulares e mutáveis. Em vista de metas
não garantidas.

•

Deveríamos atravessar as experiências como epifanias de luzes que irradiam momentos, ações, coisas. Habitar o mundo com a graça e a inocência admirada de uma criança.

·

> Teremos de responder sobre essa vida com admirada sabedoria e intuições cúmplices, com a arte das paixões e o método da simpatia.

·

Refletir e viver são duas atividades simplesmente incompatíveis.

·

> Por toda a vida explorou os recessos mais obscuros da natureza. Depois, repentinamente se libertou da sabedoria acumulada. Intimou a amar mais a vida que o sentido da vida, a atravessá-la e buscar uma sabedoria sem verdades, sem nem sequer a intenção da verdade.

É uma espécie de atitude para a redenção contemplativa o que nos faz aceitar a vida com todas as suas contradições, manter juntos o arrependimento e a esperança.

•

Vivemos de limiar em limiar, na oscilação de um limite. Eternamente arremessados por seus jogos de luz e de sombra.

•

Vivemos de lonjuras, de passagens de tempo, de sentimentos da ausência.

•

A vida flui, descontínua, entre inocência e esquecimento. Apesar de nossa vontade. Perdida, às vezes, em labirintos de imagens, hieróglifos inexprimíveis, epifanias misteriosas: movimentos alheios à existência que, a cada vez, voltam a pôr em jogo suas tramas.

•

Tardes consternadas, de gestos silenciosos do
pensamento. Solidões siderais, durações imóveis,
que suspendem todos os questionamentos.
Diante de nós, o clamoroso espetáculo do nada,
a desolada beleza de um lugar destinado
à felicidade.

•

>   Vivemos poucas coisas. As que a vida
>   nos concede na instável harmonia entre
>   o instante e a realidade.

•

Não basta dizer que outra vida é possível.
Uma nova vida renasce a cada despertar.
Mesmo quando hesitamos confusos em certas
noites futuras que nos impedem de reconhecê-la
e percebê-la.

•

>   Clarividências íntimas, fantasias
>   contemplativas diante do fogo. Na chama,
>   vida e morte se fundem no mesmo instante.

A vida flutua atônita na profundidade deste silêncio. Quanta distância dos quérulos eventos humanos, quanta beleza encantada e inocente nas notas de um pentagrama.

•

Quanto mais nos esforçamos para penetrar o mistério de nossa vida, tanto mais nos afastamos de nós mesmos. O desconhecido em nós determina o que somos.

•

O que encontramos em nossa viagem que já não soubéssemos?

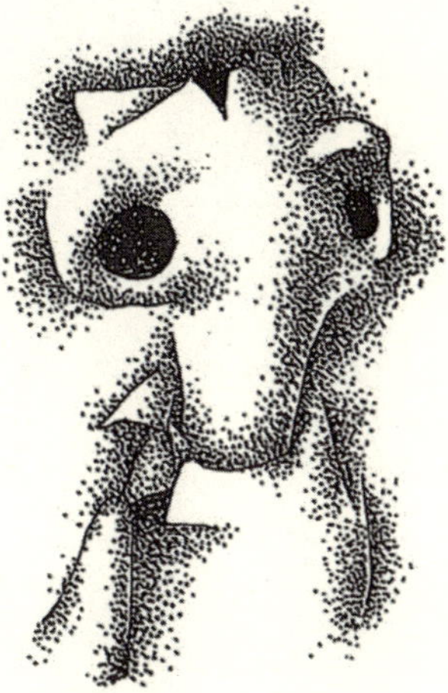

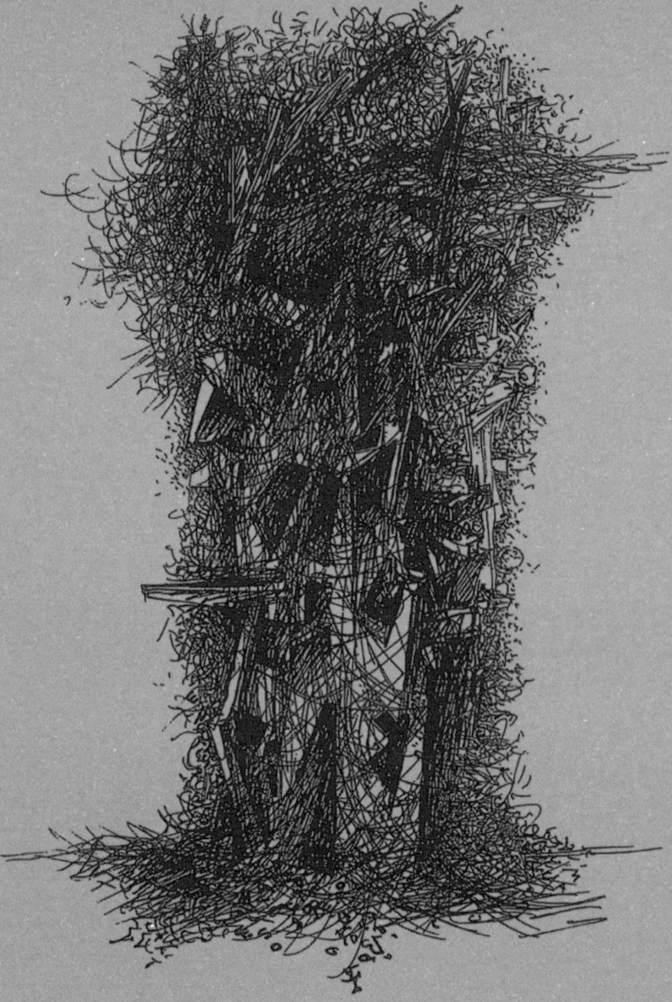

Conhecimento

Conhecer é lançar luz sobre as margens irregulares das coisas, desenhar novas formas de vida.

•

Não deveríamos pretender conhecer muito. Se nos lançamos muito para a frente, somos assaltados por uma busca irrequieta, se paramos, por uma soturna melancolia.

•

Não é a ignorância o que atrapalha o conhecimento, mas a ilusão de conhecer.

O ato de conhecer contém em si uma dupla culpa:
a origem e a monotonia do próprio destino.

●

Deveríamos nos preocupar mais com o
que sabemos do que com o que não sabemos.
O verdadeiro mistério começa depois das
explicações.

●

Saber é admirável. Pensar, apaixonante. Intuir,
sublime.

●

A maior certeza? A impossibilidade de
eliminar a incerteza. O único ponto certo
é o ponto de interrogação. Eis o grau de
liberdade do conhecimento.

●

As belas respostas não passam de ilusões.
Vivemos e buscamos na incerteza, no movimento,
no mistério. Toda forma de conhecimento é
também fonte de erro, embebida como está de
aspectos individuais, subjetivos, existenciais.

●

> Para os criadores, o sentido invisível da vida
> está disseminado ao longo dos sendeiros
> tortuosos e inexplorados do conhecimento.

●

A paixão pelo conhecimento gera prazeres
excitantes. Mas ela nunca deve se separar da vida.
Por isso é preciso se distanciar das paixões sem
deixar que se apaguem. É preciso buscar a
verdade para além do princípio de prazer.

●

> A luz do conhecimento sempre projeta, de
> algum lugar, a sombra de outras verdades.

●

Entre conhecimento e imaginação, nenhuma dúvida em escolher a segunda. Sobretudo se for uma imaginação anárquica.

•

Mestre é quem não exige respostas; quem evoca perguntas de obscura clareza; quem semeia e espera (fazendo-se esperar); quem procura, fazendo-se procurar e ser lembrado para sempre.

•

Para conhecer melhor, o conhecimento tem de se conhecer. Isso vale também para o nosso Eu: um universo repleto de personalidades, fantasmas, ideias, que oscila, do nascimento à morte, entre dor e prazer, amor e ódio, bondade e ressentimento, risos e lágrimas, grandeza e miséria, vingança e perdão.

•

Sabemos bastante do complexo de Édipo e da ditadura dos instintos. Quase nada, no entanto, do complexo de Prometeu e de nosso implacável desejo de conhecimento.

•

É o assombro com a existência das coisas, como uma criança que vê o mundo, a abrir o caminho do conhecimento e a nos fazer exclamar: como tudo isso é extraordinário!

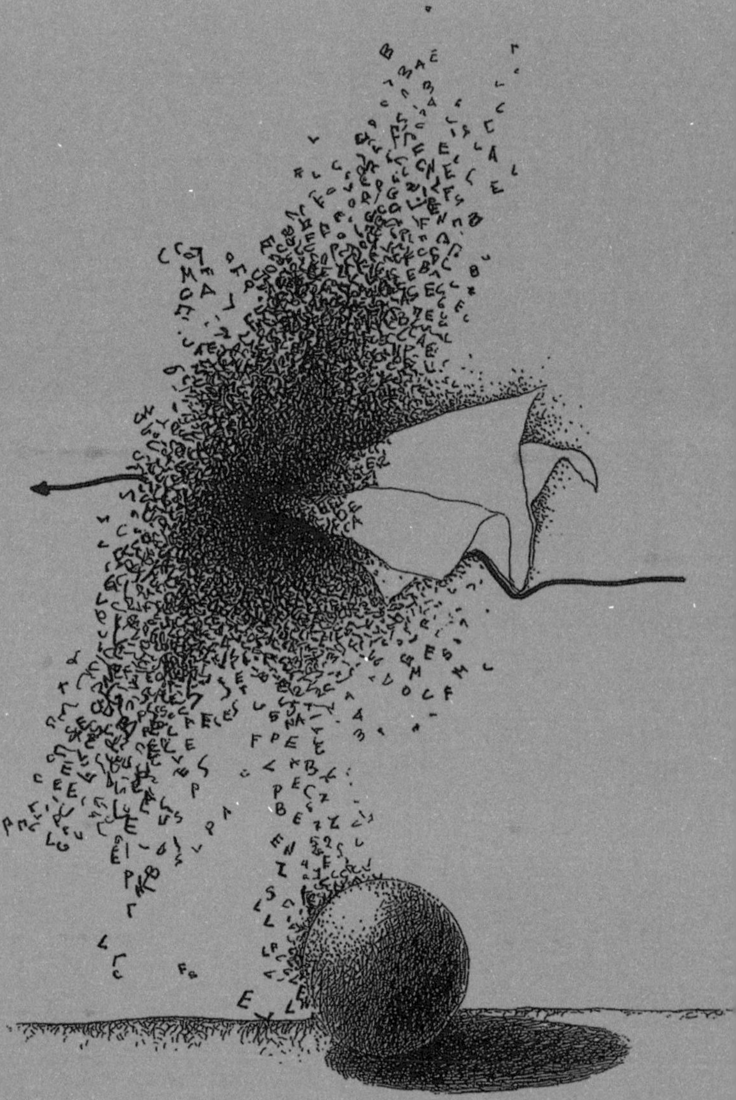

Linguagem

A linguagem comum nos põe em contato conosco e com os outros, mas acumula tantos equívocos e mal-entendidos que muitas vezes parece mais incômoda que útil.

•

Escrever é experimentar todas as vicissitudes da linguagem, de suas vozes, de suas fronteiras. Nesse pertencimento frágil, cada palavra é essência do meditar, mapa de sua própria odisseia.

•

A poesia devolve vida às palavras extenuadas. Simplesmente ao dizê-las. Como nem sequer elas imaginavam ser.

·

A palavra poética nos leva de volta àqueles instantes da infância em que o céu era uma superfície sem lonjuras.

·

O significado não se expressa em virtude da palavra, mas apesar dela. Para que a alma se torne imagem, a palavra deve se tornar evanescente: uma magia que só a poesia pode criar.

·

É preciso pensar do ponto mais agudo das nossas contradições, pondo em dúvida nossa (óbvia) relação com as palavras e a ilusão de nosso domínio sobre elas.

·

Escrever aforismos. Perturbar o silêncio o menos possível.

•

Há palavras que, para ser compreendidas, precisam se tornar mais silenciosas que o silêncio: são as palavras imprescindíveis.

•

Escrever por meio do silêncio. Fazer com que as palavras que aspiram à plenitude se transformem em palavras embebidas de silêncio.

•

Na medida em que é interrogação, nenhuma palavra pode responder à outra. No máximo, as palavras se atraem numa difícil liberdade: um espaço aventureiro, uma imperceptível faixa de terra que as separa e as une.

•

Um livro é sempre fragmentário, incompleto. Nunca plenamente legível. Toda pergunta abre-se para a pergunta seguinte. Nesse questionar, a língua, o livro e o escritor encontram-se sempre à beira do vazio.

●

    Entre os destinos da palavra há a
    poesia, aquela forma de vida que nasce
    na bela solidão.

●

O universo das palavras é um universo incerto. Temos a ilusão de que as usamos para nossos próprios objetivos. Mas elas resistem, nos surpreendem, assumindo significados que jamais teríamos concebido.

●

    Há sempre uma vertigem que precede
    o ato da escrita: o grau zero de uma
    metamorfose.

●

Escreve aforismos quem não vê conexões ou indícios de um sistema. Só se pode pensar em fragmentos.

•

> Por que uma palavra nos parece clara quando a usamos, e obscura quando a pensamos?

•

São os limites da linguagem que levam os homens a pensar.

•

> Erguer-se acima da linguagem, pensar sem palavras!

•

Escrever um livro é experimentar todas as vicissitudes da linguagem, a indigência das palavras. Em suas páginas ressoa o eco de fraternidades abstratas, de pensamentos arriscados, de vozes e sombras que desaparecem no mesmo instante em que se reúnem num sentido.

O sentido não se revela em virtude da palavra, mas apesar dela. Para aflorar tem de se tornar sutil, diáfano, evanescente, não permanecer prisioneiro da forma.

•

Quando a linguagem já não sabe dar nome a uma realidade esgarçada, cheia de buracos e lacunas, somente o silêncio nos devolve uma nova intimidade com o mundo.

•

Por mais que se tente, nunca se conseguirá estabelecer o instante em que vozes e pensamentos, anotados às margens de uma página, formarão aquele perfeito mistério que é um livro.

•

O que dá força e luz à escrita? Ninguém pode dizer. Quer nasça da alegria ou do sofrimento, ela toma forma quando o pensamento põe novamente em jogo a nossa (muito óbvia) relação com as palavras e as coisas.

Estilo e originalidade da linguagem dependem do uso que um homem dela faz diante de si próprio.

•

    O essencial em todas as coisas é a sombra que, na floresta das palavras, murmura o que não pode ser dito.

•

Um instante antes de se tornar linguagem, as palavras hesitam, perplexas. Não sabem se voltam ao silêncio ou se se transformam em voz, separando-se dele para sempre.

•

    De onde vem a palavra poética que irradia nuas transparências e enigmas indecifráveis, exatidão e sonho?

•

A maioria das coisas só existe graças às palavras.

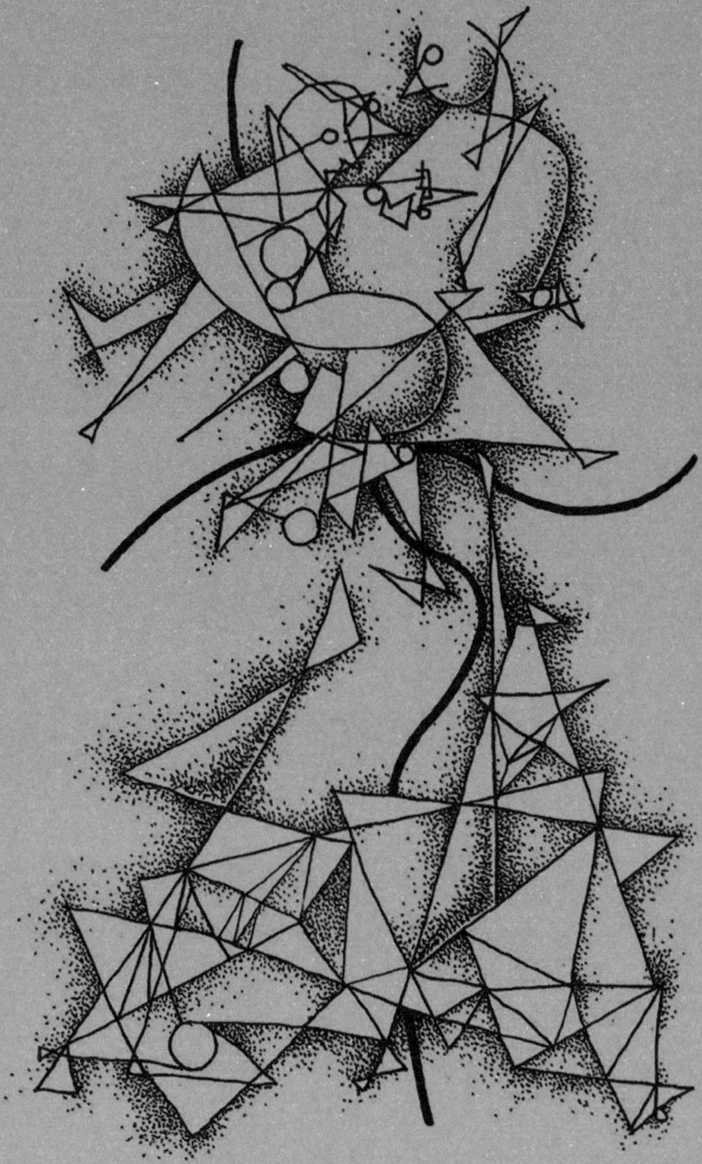

Vicissitudes

Não há atalhos para a dor da alma. A arte
da palavra não basta para curar suas feridas.
É necessária uma viagem silenciosa, até o
termo inexplorado da matéria. Só assim será
possível escrever novos capítulos. Ou, talvez,
parar de escrevê-los.

•

    Há desesperos mais fecundos que qualquer
esperança.

•

Qual é a meta? E qual o caminho para alcançá-la? Não há nenhum caminho. Chamamos assim apenas a nossa hesitação, o nosso desassossego. Se houver, é um plano inclinado: que desce, não sobe.

•

Será necessário dar extrema atenção às feridas de uma geração incapaz de dar nome até ao próprio desespero.

•

Práticas de meditação, de *mindfulness* e anseios de harmonia universal, e por toda a parte caos e desordem.

•

Erramos, impermanentes como nuvens.
Como vento que passa, inapreensível no coração da ausência.

•

... quartos de hospitais... velhos perdidos na melancolia do declínio. Atrás dos vidros, olhares selados no próprio enigma.

Vivemos na mirabolante insensatez de um politeísmo sem deuses e sem heróis, de um pluralismo de valores sem valor.

●

Não há um tempo de paz para quem está em revolta contra o mundo, quem é alheio a toda forma de poder.

●

Pairam sombras sinistras sobre um mundo em que o vazio se torna o motor do desejo.

●

Há motivos psicológicos na origem do pântano social em que vivemos. Temos a ilusão de encontrar no Estado estabilidade e imutabilidade. Mas a vida é instabilidade e transformação: ou seja, aquilo que não esperamos.

●

Estamos numa virada difícil do niilismo contemporâneo. Após décadas de farra devido a uma opulência que é fim em si mesma e destituída de objetivos, jovens criados no culto da técnica descobrem-se abúlicos, inquietos, sem horizonte.

•

Há um limite para a escuridão que podemos suportar antes de resvalar nas trevas.

•

Alguns conspiram por muito tempo contra os próprios autoenganos antes de descobrir, dolorosamente, que a própria felicidade depende daquelas mesmas ilusões.

•

Por que neste mundo mirabolante cada vez mais pessoas se sentem distantes da vida, expostas à melancolia de uma existência brutalmente mergulhada nas coisas,
que deixa apenas uma fresta para dolorosos sonhos de olhos abertos?

Se quisermos sair da necrópole da educação
contemporânea, comecemos dizendo aos jovens
que o conhecimento é um fim, e não um meio; que
as explicações destituídas de mistério são
explicações falsas; que quanto mais profundo
o problema que ignoramos, tanto maiores as
possibilidades de sucesso.

•

>   Um dia, depois de tanto desassossego,
>   o atlas das nuvens e um irrefreável desejo
>   de vida nos avisarão que o pior já passou.
>   Então, ficará claro para todos que viver não
>   basta. Que é necessário erguer-se sobre
>   o próprio destino. Sem esperar que a morte
>   nos intime a tirar a mesa.

•

Há desesperos mais sábios que qualquer
esperança.

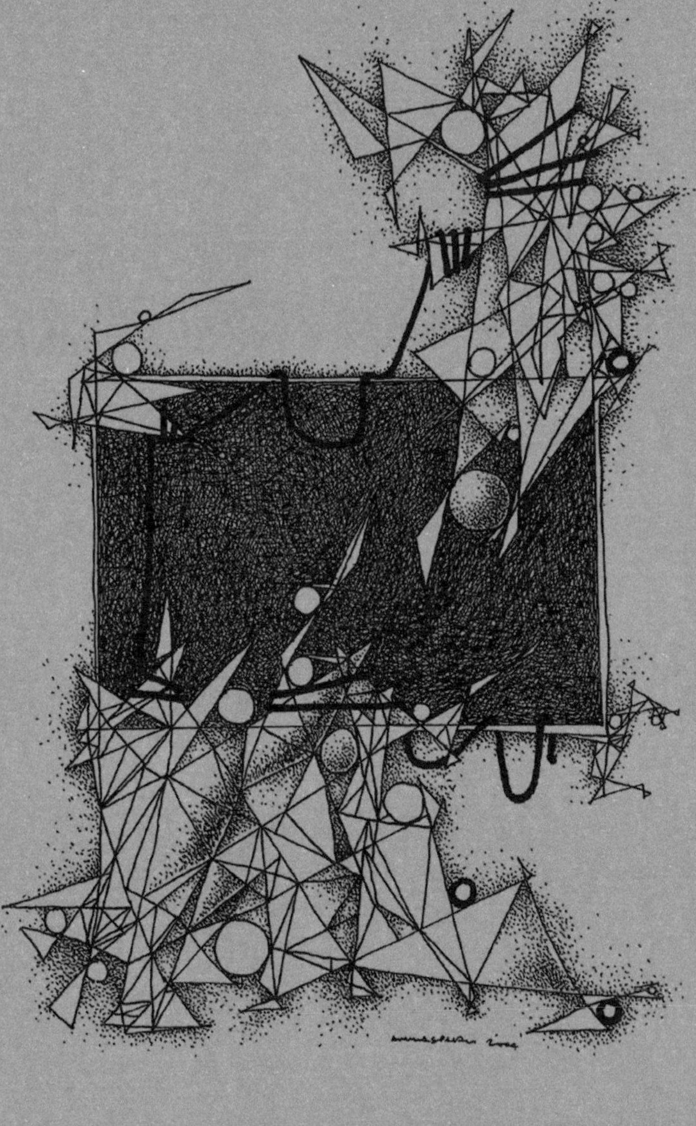

Pensamentos

A nobreza de um pensamento se reconhece pela indiferença ao chamado do compartilhar.

•

Céus vazios, apoiados no nada.

•

As lembranças vêm ao nosso encontro como ilhas de sentido separadas por abismos, fatalidades retrospectivas ilusórias, promessas não cumpridas, ideias que se encaminharam para a morte.

Muitas pessoas acreditam pensar, mas buscam apenas confirmações das próprias ideias, realinhando os próprios preconceitos.

•

Quanto mais a fundo se pensa, tanto mais a evidência das coisas se torna opaca. Há sempre um fundo adicional do pensamento, uma presença atrás da própria presença.

•

É preciso acreditar que existe um fio que avança, sem alimentar expectativas. Apesar das curvas, dos congestionamentos, das correntes contrárias.

•

Verdades finais explicáveis exigem verdades iniciais inexplicáveis. Por isso existem apenas mal-entendidos originários, não verdades originárias.

•

Somos terras de passagem: um trânsito inocente entre admiração e revolta, estranhamento e familiaridade, errância e raiz.

•

Tudo depende do que consideramos real. Agora estou pensando em alguma coisa irreal para os outros. No entanto, para mim ela parece mais real que aquilo que habitualmente considero real, que agora me parece ainda mais irreal.

•

É preciso cuidar das palavras, polir suas formas, para que se assemelhem o mais possível ao pensamento.

•

Somos máquinas produtoras de realidade... e de um ensurdecedor ruído emotivo.

•

É um presságio sinistro para a verdade que um pensamento faça parte de um sistema completo.

•

Mesmo que permaneça inacabado, o destino do homem vive nos sonhos de olhos abertos, em paisagens de amanhãs.

•

Nunca sabemos realmente o que somos. Muitas coisas estão repletas de algo que falta.

•

Não há nenhuma verdade na pergunta ou na resposta. Ela se reflete apenas no desafio de uma ou na inversão da outra.

•

Escolhemos o nosso mundo e, por nossa vez, somos escolhidos por ele. Por isso, é enganoso o dilema segundo o qual nossa liberdade ou é radical ou não existe.

A música nos convida a viajar por caminhos que nunca teríamos iniciado. Faz-nos agarrar a vida que, não raro, observamos de longe. Como a luz daquelas estrelas que nos alcança depois de se consumir entre espaços siderais.

•

> A coragem de um homem se mede pela capacidade de quebrar a monotonia do próprio destino.

•

Há em nós uma infância que resiste aos estragos do tempo. Aparece no meio-dia da vida, quando os ruídos do mundo se atenuam. Só então se torna porvir, puro recomeço, criação contínua.

•

> Educação e bem-estar material certamente são pressupostos da liberdade. Mas, quando se tornam fins em si mesmos, sucumbem sob o peso do tédio e do desespero.

•

A imaginação é a *ultima Thule* para a felicidade.

•

O conformismo é uma doença psíquica coletiva.

•

Uma obra de arte é grande se não tiver finalidades práticas. Sobretudo, se não pretender desempenhar funções históricas.

•

A amizade não é um sentimento tão comum. Requer inocência, ingenuidade, capacidade de se maravilhar e disposição para admirar.

•

Os homens mais interessantes são os solitários. Os dispostos a tudo pronunciam palavras dúbias e se perdem na interrogação que são eles próprios. Mais do que com o mundo, sua contenda é com o próprio desejo de autopreservação.

São criaturas singulares, os humanos. Veem caminhos de luz nas trevas, figuras no vazio, promessas de jardins no deserto mais árido. Preocupam-se quase sempre com as margens visíveis das coisas, descuidando das invisíveis, que são ausências, sonhos, palavras sussurradas e esquecidas.

•

No Evangelho se diz: "nossa esperança é certa". Mas que esperança é, se é certa? Eis o drama de viver tentando remediar essa contradição. Por isso é o tempo da derrota de Deus.

•

O estilo é a marca de um homem, que sobrepuja até a verdade.

•

Pensar não é aquietar os pensamentos, mas aguçar as próprias inquietudes, desafiar a intratabilidade das perguntas, sem nunca depor armas diante da lógica.

Há um limite no qual o pensamento se quebra: como uma onda exausta, um eco tardio. Um limite que se mostra escapando e escapa mostrando-se.

•

>Dizer a verdade e estar na verdade:
>a dificuldade de ser si mesmo.

•

Muitas vezes estamos convencidos de que pensamos, enquanto oscilamos inquietos de uma metáfora a outra.

•

>Se um sentimento não é forte o bastante
>para resistir ao que tende a desvirtuá-lo,
>não é de fibra robusta.

•

É preciso cultivar a inocência, apesar de nós mesmos.

•

Podemos nos tornar mais sábios? Claro, desde
que melhoremos nosso estranhamento recíproco.

•

Dura o que tem motivo para durar. É uma
lei que governa o coração e o espírito.

•

Dizer, mas sem os tons de novas retóricas da
verdade. Testemunhar fidelidade a si mesmo até
contra si mesmo. Não lamentar ideias que
morreram. Como um explorador do desconhecido,
retomar o caminho sem metas predeterminadas.
Metas sem finalidade, sem jamais ser um fim em
si mesmas.

•

O mais silencioso dos silêncios... o indizível
do pensamento... o inatingível da palavra.
Incessante convite a retornar ao próprio
êxodo.

•

Pensar obstinadamente, no limite da palavra
necessária.

•

Antes de se tornarem voz, as palavras
oscilam, incertas, na terra do silêncio.
No coração da ausência, onde nenhuma
morada pode ser medida pelos alicerces,
e sim pela errância inapreensível
do pensamento.

•

Deixar para trás a preensibilidade espiritual de
um tempo destituído de estilo e gosto.

•

O que poderia eu amar, a não ser o que é
enigmático?

•

Não há ideia que, vista de perto, não se estilhace.

•

Admitir a natureza conjectural de nossas verdades, dar ouvidos à busca de nós mesmos, olhar nossos demônios nos olhos, compreender sem julgar. Responder assim à lei que nos transcende: ser amigos, isto é, estrangeiros.

•

> Separação e encontro. O mesmo mistério. Uma chave abre duas portas. A primeira dá para o passado, a segunda para o porvir.

•

As ideias vêm antes dos fatos.

•

> Reconsiderar as relações entre profundidade e expressão.

•

Uma vida simples, de gestos silenciosos e um pensamento, o mais complexo possível.

•

De que são feitos os pensamentos?

•

Deveríamos contar às crianças, assim como fazemos nas fábulas, que "o cérebro é maior que o céu". Que somos capazes de milhões de coisas incríveis: aprender, mudar, nos tornar melhores do que somos.

•

O problema do impensável torna-se cada vez mais agudo. Como o pensamento pode superar seus limites?

•

É preciso manter distância dos que sugerem que temos de aquietar os pensamentos. Ao contrário, temos de aguçar nossas inquietudes, desafiar a intratabilidade das perguntas, a indigência das palavras, nossa impotência para dizer.

•

Todo homem é responsável por si mesmo, pelo próximo, pela criação, pelo próprio Deus, suspenso numa corda esticada entre liberdade e escravidão, bem e mal, indiferença e decisão, desespero e esperança.

•

Seja qual for a intenção, todo gesto deixa uma marca, uma cicatriz na realidade da vida.

•

Na arte do improviso entrelaçam-se os círculos da vida, as correntezas contrárias, as curvas, os gargalos. Como se, por caminhos insólitos, estar fora se tornasse uma forma de estar dentro da existência.

•

Como transcrever, em nossos ócios contemplativos, o além do pensamento que irrompe dia e noite no palco da vida?

•

Somente aquele a mais da vida que é a arte pode nos revelar a extática inocência da descoberta, suas inesperadas epifanias, os assombrosos segredos nunca ditos a nós mesmos.

•

É possível uma sabedoria sem verdade, sem nem sequer a intenção da verdade?

•

Não poder possuir o que se ama, nunca poder dizer tudo, não poder abraçar as coisas para sempre é o que leva os homens a escrever cantos.

•

Encantamento é a disposição meditativa e errática de quem parte sem destinos precisos, de quem não pretende opor uma verdade a outra verdade.

•

A história de um homem está sempre incompleta. Sua verdade está naquilo que lhe é concedido ser e dar. Até o fim dos tempos.

O silêncio mais intenso está na luz que antecede o alvorecer. O silêncio dos sons que nascem de repente. O silêncio do mar e do deserto, do céu e dos ventos, que confunde o horizonte de nuances imperceptíveis.

•

> Há terras extáticas. Terras de esperas
> e saudades. Terras de tardes profundas,
> de noites indecifráveis, de manhãs
> puríssimas. Terras em que a alma se eleva
> acima da vida, e a própria felicidade é uma
> palavra inútil.

•

Incendiar ou incendiar-se? Ambiguidade da criação.

•

> Quando se nasce à beira do Mediterrâneo,
> logo se aprende a desconfiar do espelho
> encantado das ideias, a não confundir os
> gestos intelectuais com a vida.

Demônios meridianos... O horizonte varia incessantemente a margem de tua busca.
E você o segue. Mesmo que tenha de se perder. Pelo puro desejo de se perder.

•

> Noites de estrelas desoladas. Noites de anjos vagabundos e erráticos. Noites pródigas de silêncio e de destino.

•

Perseguimos a realidade sem nunca apreendê-la... Infidelidade de nossas percepções. Mas não é espantoso habitar esse mistério, em vez de pactuar com nossos autoenganos?

•

> Explicar sem tornar mais enigmático o objeto da explicação é um engano.

•

Seria maravilhoso ver o pensamento nascer...
se ao menos conseguíssemos separá-lo das coisas.

O valor de cada um se mede pela capacidade de recusar a si mesmo, para se transformar em si mesmo. Dessa recusa e dessa transformação vive quem está decidido a se arriscar.

•

> Há uma beleza espiritual em alguns melancólicos: como se faltassem à própria festa, mas com as veias repletas de existência.

•

Um exercício de distanciamento? Uma despedida contemplativa... quando a atenção aos sentidos dá lugar a extravasamentos para uma terra desprovida de anseios lógicos e emoções.

•

> Talvez ninguém como um jazzista experimente a vertigem da viagem do terreno da matéria até as terras extremas do som.

•

É necessário um olhar poético para apreender o porvir na ausência de felicidade.

•

> Um pensamento vem quando quer, não quando nós queremos.

•

Há um limiar sutil entre pensar e expressar o próprio pensamento: apenas uma nuance, mas que diz tudo sobre nós mesmos.

•

> Equívocos e mal-entendidos integram nossos pensamentos (e nossa linguagem) a tal ponto que nem sequer nos damos conta deles.

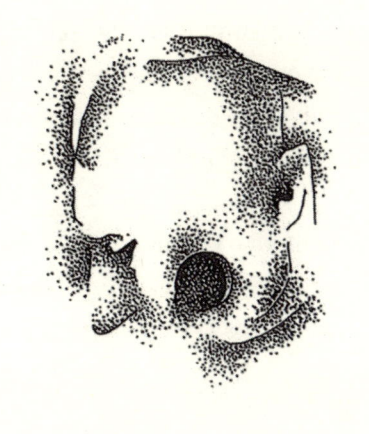

Agradecimentos

A publicação de um livro é um marco importante na vida de cada autor. Quer seja a primeira ou a enésima vez, à medida que o fim se aproxima, as emoções tomam conta.

Escrever um livro envolve momentos de alegria e sofrimento. Isso exige tempo, dedicação, esforço. No entanto, ao chegar à sua conclusão, a felicidade de ter nas mãos o fruto dos esforços de cada um é indescritível.

Embora o resultado final seja o mérito de seu autor, é inegável que a elaboração de um livro é alimentada pela participação ativa ou silenciosa, direta ou indireta, daqueles que de diversas maneiras contribuíram para sua realização.

Aqui, gostaria de agradecer a dois amigos extraordinários, Andrea Sparaco (autor das ilustrações que enriquecem o livro) e Paolo Broccoli, que, embora de distâncias estelares, representaram e continuam a representar uma fonte de inspiração e tensão intelectual. O espaço de nosso encontro nunca representou o encontro de uma solidão com outra solidão, mas uma amizade que vem antes da amizade.

Graças então à minha mãe, Francesca, Daria e Flavia, que me encorajaram a acreditar neste projeto quando o ceticismo estava prestes a assumir o controle, expondo-me ao risco de abandoná-lo.

Este livro também foi possível graças a tantas pessoas que compartilham comigo experiências de trabalho, como Benedetta Muzii, que com cuidado e sensibilidade aguda relê o texto muitas vezes; a Anna Malgieri, Valentina Grimaldi, Federica Cafaggi e Oriana D'Anna, que cuidadosamente encomendaram os textos.

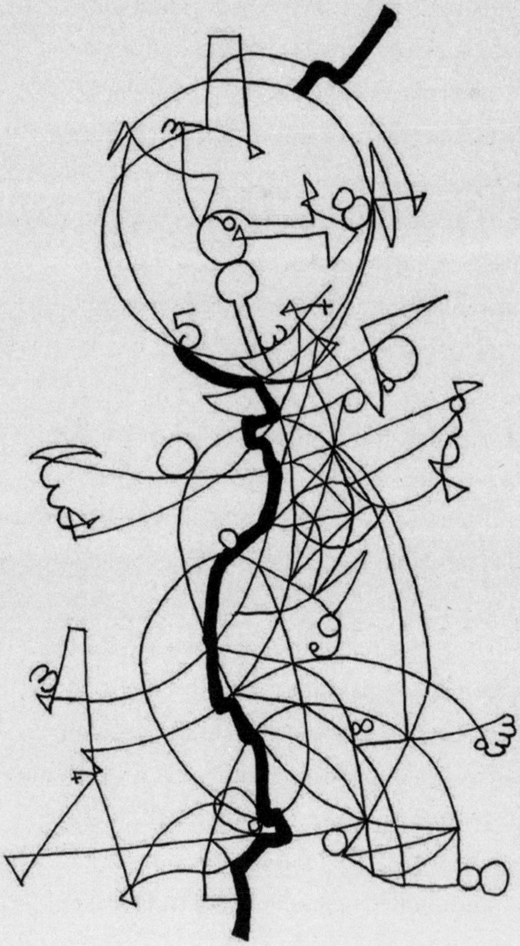

Sobre o autor

MAURO MALDONATO é psiquiatra e professor titular de Psicopatologia Clínica no Departamento de Neurociências da Universidade de Nápoles Federico II. Tem sido, de maneira recorrente, professor visitante na Universidade de São Paulo (USP), Pontifícia Universidade Católica (PUC) de São Paulo e na Duke University. É autor de mais de 400 artigos científicos e já deu mais de 300 palestras, a maioria delas como palestrante convidado no exterior. É diretor científico do Festival Internacional de Pesquisa. No Brasil, colaborou com as revistas *Scientific American* e *Mind*.

Entre os prêmios recebidos pelo autor, destacam-se o Prêmio Vasco Prado promovido pela Universidade de Passo Fundo durante o XI Dia Nacional da Literatura (2005), o prêmio da Conferência Internacional sobre o Tempo da Universidade dos Emirados Árabes Unidos (2012), a Medalha da Presidência da República Italiana como diretor científico da Semana Internacional da Pesquisa (2018) e o Prêmio de Boa Saúde Cidade da Ciência (2019).

Este livro foi composto em Silva Text e impresso em papel
Pólen Bold 90 g/m² na Hawaii Gráfica e Editora Ltda.
em fevereiro de 2023.